The ABC's of Tidying up

© 2019 Instituto Monsa de ediciones.

First edition in 2019 by Monsa Publications,
an imprint of Monsa Publications Gravina 43
(08930) Sant Adrià de Besós. Barcelona (Spain)
T +34 93 381 00 50
www.monsa.com monsa@monsa.com

Editor and Project Director Anna Minguet
Art director & layout Eva Minguet
(Monsa Publications)
Text & images Natalia Geci
Printed by Grupo Grafo

Shop online:
www.monsashop.com

Follow us!
Instagram: @monsapublications
Facebook: @monsashop

ISBN: 978-84-17557-03-4
D.L. B 4878-2019

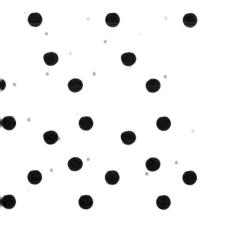

The ABC's of Tidying up

monsa

William Morris already said this

In this day and age, it is the concept of happiness which moves us most. In another age in which the concept of beauty was more uniform, this was the parameter used to select an object. The canons of beauty were expanded, and the protagonist became the subject. What remains intact is the love for beautiful objects, but now more than ever beauty is in the eyes of the beholder.

Ya lo decía William Morris

En esta era, es el concepto de felicidad lo que más nos conmueve. En otra época en la que la idea de la belleza era más uniforme, este fue el parámetro utilizado para seleccionar un objeto. Los cánones de belleza se ampliaron, y el protagonista pasó a ser el sujeto. Lo que permanece intacto es el amor por los objetos bellos, pero ahora más que nunca la belleza depende de los ojos con los que se mire.

HAVE NOTHING IN YOUR
HOUSE THAT YOU DO NOT
KNOW **TO BE USEFUL**,
OR BELIEVE **TO BE BEAUTIFUL**

NO TENGAS NADA EN TU HOGAR
QUE NO TE PAREZCA
ÚTIL O **BELLO**

William Morris

Introduction

According to some theories, stress occurs when our internal rhythm does not match the external rhythm.

When what is happening around us is not in tune with what is happening inside us. There are no bad or good rhythms. It is the clash between the two that causes disruption and discomfort.

I would say that something similar happens in relation to our home. If our expectation or idea of what should be a home does not coincide with the place we inhabit, there is a sense of stress, since we are not in harmony with the space we occupy and the objects surrounding us. Perhaps we are not quite aware of it, but we live with a dull discomfort that makes our body unable to relax in our own home.

It is crucial that we should be comfortable at home, not only is it our refuge, the place to which we return to relax and energise us, but it is also the place we leave to go out into the world and from which we observe it. Our homes are small worlds we build over time. The way in which we inhabit our space defines us. Our relationship with objects and the way in which we organise and display them speaks about our relationship with the world. The more rigorous and aware we are of the way in which we live at home, the more fluid and enjoyable it will be.

I myself have recently lived in homes where I did not feel at ease. For personal and family reasons I moved several times, not only did I move house but I moved country. Among the several homes I assembled and disassembled with my family, and the furniture that we inherited, we accrued evermore items. I no longer controlled my own space, my home was far from representing me: the situation had gotten out of control. One of my assistants came to the rescue and gave me the book "The Life-Changing Magic of Tidying" by Marie Kondo. This book, which broke sales records, urges the reader to be thorough with the objects they possess and to only keep those that make them happy. As has happened to many people before, that book changed my life.

There are a lot of things written about organising and tidying up, but the revolution caused by Marie Kondo's book took things to another level. The chaos and uncertainty of the modern world, unpredictability and frantic changes in the world outside mean that today more than ever we need to find at home a place of stability and order. Marie Kondo tells us that it is important to find happiness in one of the few places over which we can have some control, our home.

In these pages you will find side-by-side the advice of Marie Kondo, the teachings of Hideko Yamashita through Danshari (a Japanese approach to tidying up), certain Feng Shui principles, together with a few tips from my own experience (as an architect and, above all, as a "serial home mover").

This book is not a decoration handbook and does not address so-called good or bad taste when it comes to interior design, neither does it seek to deliver a lecture on the latest trends. This book invites the reader to see their home with fresh eyes. It also invites them to carry out an exercise in introspection, to understand how they want to live and what they want from their home. With plentiful photographs and a few tips, it aims to give the reader the tools to succeed.

Natalia Geci

> *El estrés se produce cuando nuestro ritmo interno no coincide con el ritmo externo.*

Cuando lo que sucede a nuestro alrededor no está en sintonía con lo que nos sucede internamente, no hay malos o buenos ritmos. El choque entre los dos es el que produce el desajuste y nos genera incomodidad.

Se podría decir que algo parecido sucede en relación a nuestro hogar. Si nuestra expectativa o idea de lo que debería ser un hogar no coincide con el lugar que habitamos, se produce una sensación de estrés, ya que no estamos en sintonía con el espacio que ocupamos y con los objetos que nos rodean. Tal vez no seamos del todo conscientes, pero solemos convivir con un cierto malestar que hace que nuestro cuerpo no se termine de relajar en nuestra propia casa.

Es crucial que estemos a gusto en nuestro hogar, ya que no solo es nuestro refugio, el lugar al que volvemos a descansar y recargarnos de energía, sino que es el lugar desde el cual salimos al mundo y desde el cual lo observamos. Nuestros hogares son pequeños mundos que construimos a lo largo del tiempo. La manera en que habitamos nuestro espacio nos define. Nuestra relación con los objetos y la manera en que los ordenamos y exhibimos habla de nuestra relación con el mundo. Cuanto más rigurosa y consciente sea la manera en que habitamos nuestro hogar, más fluida y placentera será.

Los últimos años viví yo misma en casas en las que no me sentía a gusto. Por razones personales y familiares emprendí varias mudanzas, no solo de casas sino de países. Entre las varias casas que montamos y desmontamos con mi familia, y los muebles que fuimos heredando, se fueron acumulando más y más objetos. Ya no controlaba mis espacios, mi hogar estaba lejos de representarme: la situación se me había ido de las manos. Una de mis asistentes vino al rescate y me regaló el libro "La magia del orden" de Marie Kondo. Este libro, que batió récord de ventas, insta al lector a ser minucioso con los objetos que posee y a solo quedarse con lo que le hace feliz. Así como le sucedió a mucha gente, ese libro cambió mi vida.

Hay infinidad de cosas escritas sobre el orden y la organización, pero la revolución que significó la figura de Marie Kondo llevó esta temática a otros niveles. El caos y lo incierto del mundo actual, la impredecibilidad y los cambios frenéticos hacen que hoy más que nunca necesitemos encontrar en el hogar un lugar de estabilidad y orden. Marie Kondo viene a decirnos que es importante encontrar la felicidad en uno de los pocos lugares en los que podemos tener cierto control, que es en nuestro hogar.

En estas páginas conviven los consejos de Marie Kondo, las enseñanzas de Hideko Yamashita a través del Danshari (método de orden japonés), elementos del Feng Shui, y consejos extraídos de mi propia experiencia (como arquitecta y, sobre todo, como «mudadora serial»).

Este libro no es un manual de decoración, no viene a hablar de un supuesto buen o mal gusto a la hora de hacer interiorismo, tampoco da cátedra sobre las últimas tendencias. Este libro invita al lector a que vea su casa con ojos nuevos. Le invita también a hacer un ejercicio de introspección para entender de qué manera quiere vivir y qué quiere de su casa. Con muchas imágenes y consejos, pretende darle las herramientas para lograrlo.

Natalia Geci

Tidying up will help you readjust your life

If you are determined to tidy up, you will discover that not only does your house get tidy but other things in your life will begin to settle down, too. Ask yourself what your reasons are for tidying up and what was preventing you from doing it. Get rid of unnecessary items. Do not let those crammed cupboards overwhelm you. Start the adventure of tidying up your house by confronting your items and your relationship with things.

Al ordenar, reajustarás tu vida

Si te decides a ordenar, verás que no solo se ordena tu casa sino que otras cosas en tu vida comienzan a acomodarse. Pregúntate cuáles son tus razones para ordenar y qué es lo que te lo estaba impidiendo. Deshazte de lo innecesario. Que esos armarios no te sigan abrumando. Emprende la aventura de ordenar tu casa, de enfrentarte a tus objetos y a tu relación con las cosas.

AS EXPLORERS WE GO FORTH TO CONQUER OUR PLACE AND RECOVER THE ENERGY AND SPACE THAT CLUTTER TOOK OVER

|||||||||||||||||||||||||||||||||||||||||||||||||||||||||||||||||||||

COMO EXPLORADORES, VAMOS A LA CONQUISTA DE NUESTROS LUGARES Y RECUPERAMOS LA ENERGÍA Y EL ESPACIO QUE LA ACUMULACIÓN DE COSAS NOS ARREBATÓ

So we can feel at ease in our space, the things surrounding us, and our possessions must match our lifestyle, beliefs and tastes. If this is not the case, there are developments in the physical world, but above all, in the mental world, that will help us achieve it. This book summarises the major theories on tidying up and organisation and helps us understand how a tidy home and thoroughness in choosing and handling objects, can help us become more aware and thoughtful about what we really want in our lives.

Para sentirnos a gusto en nuestro propio espacio, lo que nos rodea y lo que poseemos debe coincidir con nuestro estilo de vida, con nuestras creencias y nuestros gustos. Si esto no sucede, hay que hacer movimientos en el orden de lo físico, y sobre todo en el orden de lo mental, para alcanzarlo. En este libro encontraréis las teorías más relevantes respecto al orden y a la organización, y ayuda a entender cómo desde el orden en el hogar y la rigurosidad con que se elige y se trata a los objetos, se puede tener una vida más consciente y cuidadosa de lo que realmente queremos.

Sort objects by category

Do not organise your items room by room, but by categories. This means collecting altogether the objects belonging to the same category. In order to organise clothing, for example, you should gather all the clothes you have in the house in one place, see how many you have and only then start tidying. Categories then can be summarised as: clothes, accessories, books, papers, miscellaneous items, kitchen, and bathroom items.

Ordenar los objetos por categorías

No ordenes tus objetos habitación por habitación, sino por categorías. Para ordenar, por ejemplo la ropa, deberías reunir todas las prendas de la casa en un sitio único, ver qué cantidad tienes y solo entonces comenzar con el orden. Las categorías las podemos resumir en: ropa, accesorios, libros, papeles, artículos varios, utensilios de cocina y de baño.

Things I would like to order
- Cosas que me gustaría ordenar -

Items should only be stored once the object selection process is completed. Only once you know what will be kept and what will not, is when you are going to be able to find a suitable location for your objects. Meanwhile you can go putting the object you have selected in bags in a corner. Once the process has come to an end you will find the home each object deserves.

No guardes nada aún

Solo conviene hacer el almacenaje definitivo una vez se haya finalizado el proceso de selección. En el momento en que sepas qué se queda y qué no, es cuando vas a poder encontrar el lugar apropiado para tus objetos. Mientras tanto, los objetos que vayas seleccionando los puedes dejar en bolsas en un rincón. Una vez finalizado el proceso encontrarás el hogar que merece cada cosa.

The key is to throw away

We must confront objects by placing ourselves in the leading role. I am the axis in relation to the object. It is not whether the object is "still useful" but whether the object "works for me at this point in time". The temporary axis is now. The aim is to discard what we don't need: is it working for me at this point in time? Sometimes we become slaves to our possessions, so you must ask yourself: does this object add something to me or take away something from me?

la clave es tirar

Debemos enfrentarnos a los objetos poniéndonos a nosotros como protagonistas. El eje soy yo en relación al objeto; y nunca: "el objeto sirve todavía" sino "el objeto me sirve a mí en este momento". El eje temporal es ahora. El objetivo es deshacerse de lo que no necesitamos preguntándonos: ¿me sirve en el momento actual? A veces nos convertimos en esclavos de nuestras posesiones, por lo que hay que preguntarse: ¿este objeto me suma o me resta?

Does this object make me Happy? or is it a Burden?

- ¿Este objeto me da Felicidad o es una Carga? -

"Someday" does not exist

If I have something it is because I use it and not because of the possibility that I might use it at some point in time. We have plenty of objects that we do not use but we keep them thinking: "someday I will use it, someday I will use it for something". Broken items that we will fix someday, things we stopped using long ago, but which we keep "just in case". If it is not used today, it is not of use, and should be discarded to make way for something new.

"Algún día" no existe

Si tengo algo es porque lo uso y no por la posibilidad de usarlo en algún momento. Tenemos infinidad de objetos que no usamos pero que conservamos pensando: "algún día lo utilizaré, algún día me servirá para algo". Objetos rotos que contamos con arreglar algún día, cosas que hace tiempo dejamos de usar pero que conservamos "por las dudas". Si no se usa hoy, no sirve, y conviene desecharlo para dejar lugar para algo nuevo.

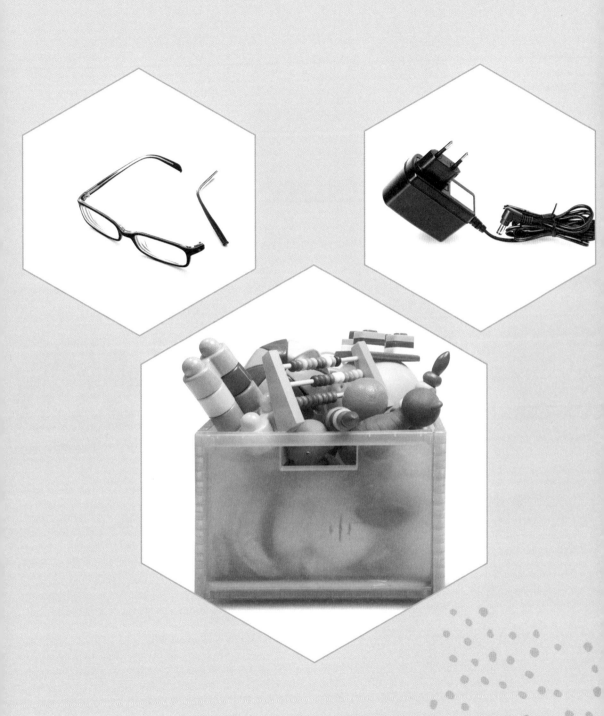

Do not leave for tomorrow what you can use today

It often happens that we do not use certain objects to protect them, because we are afraid they will break, because we believe them to be too luxurious for us or because we are waiting for the ideal time. Meanwhile, those free samples which we hoped to use on trips have reached their expiry date and the cut-glass cup collects dust at the bottom of a cupboard.

No dejes para mañana lo que puedes usar hoy

A menudo no usamos determinados objetos por cuidarlos, por miedo a que se rompan, porque los creemos demasiado lujosos para nosotros o porque esperamos el momento ideal. Mientras tanto, las muestras gratis que esperamos usar en los viajes nos caducan, y la copa de cristal acumula polvo en el fondo de un armario.

Each thing in its place

Objects glow when they are in the right place. Try to keep them in view, or ensure that accessing them is easy, because "what you can't see, isn't there". When it comes to classifying, think up a simple system of no more than three items. If the classification system is very complicated, you will lose time trying to remember what criterion you have used to classify what you are looking for.

Cada cosa en su lugar

Los objetos resplandecen cuando se les encuentra un lugar apropiado. Procura tenerlos a la vista o que el acceso a ellos sea fácil, porque «lo que no se ve no existe».
A la hora de clasificar, piensa en un sistema simple de no más de tres ítems. Si el sistema de clasificación es muy complicado perderás tiempo tratando de recordar bajo qué criterio habías clasificado lo que tienes entre manos.

FIND AN APPROPRIATE PLACE
FOR EACH ITEM, FLUID, AND EASILY
ACCESSIBLE, DO NOT OVER-CLASSIFY
SINCE YOU WILL GET LOST
IN YOUR CLASSIFICATION SYSTEM

ENCUENTRA UN LUGAR APROPIADO
PARA CADA COSA, DE ACCESO CÓMODO
Y FLUIDO. NO SOBRECLASIFIQUES
YA QUE TE PERDERÁS
EN LA CLASIFICACIÓN

Try to convert your everyday acts into sacred rituals. Find the beauty and fluidity in your movements inside the house. If your drawers remind you of a box of chocolates, when you open them to remove an item of clothing looking at them will cheer you up. Give soul to the objects you choose and have fun with small things.

Encontrar placer en los actos cotidianos

Procura que tus actos cotidianos sean como rituales sagrados. Encuentra la belleza y la fluidez en tus movimientos dentro de tu casa. Si tus cajones te recuerdan a una caja de bombones, el abrirlos para sacar una prenda te alegrará la vista. Ponle alma a los objetos que eliges y disfruta de las pequeñas cosas.

life after tidying up

After thoroughly tidying your house, you will have a more pleasant and fresher environment from which to confront life. You will also have a clearer idea of where you want to go and what kind of person you want to be. The process of selecting what we want and what we don't want, trains us to make better decisions and helps us grow closer to our true nature.

La vida después del orden

Después de haber ordenado concienzudamente tu casa, tendrás un entorno más agradable y fresco desde donde enfrentarte a la vida. Tendrás también una idea más clara de hacia dónde quieres ir y de qué tipo de persona quieres ser. El proceso de selección de lo que queremos y de lo que no queremos nos entrena a tomar mejores decisiones y nos ayuda a estar más cerca de nuestra verdadera naturaleza.

AFTER TIDYING YOUR HOME

YOU WILL BE CLOSER TO KNOWING WHERE
YOU WANT TO GO AND YOU WILL HAVE
A CLEAR IDEA FROM WHERE
TO MAKE BETTER DECISIONS

||||||||||||||||||||||||||||||||||||||||||||||||||||||||||||||||||||||

DESPUÉS DE ORDENAR TU CASA

ESTARÁS MÁS CERCA DE SABER HACIA
DÓNDE QUIERES IR Y TENDRÁS UN CRITERIO
MÁS CLARO DESDE DONDE TOMAR
MEJORES DECISIONES

Maximum Space

The effects of tidying up your home can be optimised if accompanied by design ideas and an awareness of both objects and spaces.
If you think you lack storage space or you don't have enough cupboards, there are small changes you can make which will work wonders.
Height can be recovered and used, wall surfaces, corners and crannies can be turned into magic.
Learn how to look at your home with fresh eyes and exploit its maximum potential.

Máximo Espacio

El orden que se haga en el hogar se verá optimizado si se acompaña con ideas y un conocimiento del diseño, tanto para los objetos como para el espacio. Si crees que te falta lugar de almacenaje o tus armarios no son suficientes, hay pequeños cambios que pueden hacer maravillas.
La altura puede ser rescatada y utilizada, la superficie de las paredes aprovechada, las esquinas y rincones pueden convertirse en magia.
Aprende a mirar tu casa con nuevos ojos y sácale su máximo potencial.

Floor to Ceiling

You can make use of height in many ways. There are simple and also extravagant ideas, like this net playfully adding an additional floor to the room. Another way to take advantage of verticality is to construct a double floor, gaining a large storage area and limiting the space by means of stairways.

Del suelo al techo

Se puede hacer uso de la altura de muchas maneras. Hay ideas simples y otras extravagantes, como la de esta red que le añade de una manera lúdica un piso más a la estancia. Otra manera de aprovechar la verticalidad es hacer un doble piso, ganando una gran superficie de almacenaje y una delimitación del espacio mediante escalones.

Extra Space

Hollow spaces under the staircase are valuable and usable metres. If the space is bounded by shelves reflecting the diagonal slant of the staircase as in these images, it is used more efficiently. It can be left open and used as simple shelves, or a combination of enclosed shelves and drawers can be created.

Espacio Extra

Los huecos de la escalera son metros valiosos a utilizar. Si el espacio está delimitado por estantes que copian la diagonal de la escalera como en estas imágenes, el espacio se aprovecha más eficientemente. Se puede dejar abierto como simples estantes o hacer una combinación de cajones y estantes cerrados.

There are many types of colourful storage options available to us.
The idea behind tidying up is attempting to use everything you have to hand,
without needing to rush out and buy products to assist you.
The following pages will help you recognise any containers you may possess
without being aware of it, how to get the best out of them and review
market options should anything specific be missing. The recycling section
will open your eyes to items that you already have at home and which can
be reused, giving them a new life.

Almacenaje eficaz

Hay formas de almacenaje de diferentes tipos y colores.
La idea al ordenar es intentar usar todo lo que se tiene, sin salir
corriendo a comprar productos para ello.
Las siguientes páginas te ayudarán a reconocer qué contenedores
tienes sin saberlo, cómo sacarles el mejor provecho, y ver qué
opciones hay en el mercado si faltara algo específico. La sección de
reciclaje te abrirá los ojos a elementos que ya existen en casa y que se
pueden reutilizar, dándoles una nueva vida.

Think about the items that you will need
- Piensa en los accesorios que vas a necesitar -

Remember... Hangers, shelves, hooks, and especially boxes, the main tool for tidying up.
Recuerda... Perchas, baldas, ganchos, y sobre todo las cajas, la principal herramienta para ordenar.

Never underestimate the cardboard box

At home we usually have specially purchased usable boxes and boxes belonging to purchased objects, like shoes. Keep only those you love. To join them together you can cover them in paper or vinyl. They are very useful dividers in drawers. Their lids, which are flat, can be used, for example, to organise things in desk drawers.

No subestimes las cajas de cartón

En casa solemos tener cajas adquiridas especialmente para darles uso y cajas que pertenecen a objetos comprados, como las de zapatos. Quédate solo con las que te gustan. Para unificarlas las puedes forrar con papel o vinilo. Son muy útiles para usar como separadores en los cajones. Las tapas, que son planas, pueden servir por ejemplo como base para guardar útiles en los cajones del escritorio.

The nobility of wooden boxes

They are interesting for their durability and hardness. They can come with a lid or with drawers and can be used throughout the house, even in damp places like the kitchen and bathroom, since they are made of washable material. They have the added attraction that they can be painted and repainted. A use will always be found for the faithful wooden box.

La nobleza de las cajas de madera

Son interesantes por su estabilidad y dureza. Pueden venir con tapa o con cajones y pueden usarse en toda la casa, incluso en lugares húmedos como el baño y la cocina, ya que están hechas de un material que se puede limpiar con facilidad. Poseen el atractivo de poder pintarse y repintarse. Siempre se encontrará un uso para la fiel caja de madera.

The warmth of baskets

Wicker baskets are very useful for storing various objects such as towels, blankets or magazines. To their usefulness can be added the warm and rustic touch that they give the room. In the case of this kitchen which lacks a pantry they have been used to store cans and bottles of water. They are also an original way of storing fruit and vegetables.

La calidez de los cestos

Los cestos de mimbre son muy útiles para el almacenaje de objetos diversos como toallas, mantas o revistas. A su utilidad le sumamos el toque cálido y rústico que dan a las estancias. Para esta cocina que carece de despensa, los cestos se han utilizado para almacenar latas y garrafas de agua. También son una forma original de guardar fruta y verdura.

Shelves to create

Individual shelves are flexible and suitable for placing on any free wall space. They lend themselves to creativity, since they give you the power to make your own arrangements. In addition to the diversity of shelves on the market, you can use recycled objects and turn them into shelving.

Estantes para crear

Los estantes individuales son flexibles y aptos para ubicar en cualquier espacio de pared libre. Al poder montar composiciones propias, se prestan a la creatividad. Además de la diversidad de estantes en el mercado, se pueden utilizar objetos reciclados y convertirlos en estantes.

A watchful eye

An old grating can be recycled as an office organiser: by hanging notebooks, memos and scissors from it. Train your eye to spot things that can be recycled.

Tener el ojo avizor

Una vieja reja puede reciclarse como organizador de oficina: de ella cuelgan cuadernos, notas y tijeras.
Entrena la vista para ver qué cosas son susceptibles de ser recicladas.

Item by item

Finding a place for everything is the challenge.
A review of almost all household objects, giving practical, design ideas
for improving how you take care of them and store them.
Your home's style and grace depends on the manner in which you group your
possessions, what you choose to put on display, what you leave for private
moments and how you use the space available.
Enjoy your home, it is time you gave it your personal touch.

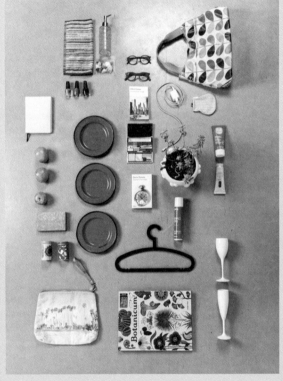

Un sitio para cada cosa

Encontrar un lugar para cada cosa es el desafío.
Se hace aquí un recorrido por casi todos los objetos de la casa,
dando ideas prácticas y de diseño para cuidarlos y guardarlos mejor.
El estilo y la gracia de tu hogar se crea según el modo en que
agrupas tus posesiones, qué eliges enseñar, qué dejas para la
intimidad y cómo usas el espacio.
Disfrútalo, es la hora de dar tu toque personal.

How would you like to use your space?

- ¿Cómo te gustaría usar tu espacio? -

The proper use of wardrobes

Whether we have a cupboard or a simple rail, the thing that will deliver visual harmony overall and greater flexibility of use is having the same coat hangers. It is also key to comply with the rule of 90% so that shelves, drawers or hanging bars look full but not crowded.

El buen uso de los armarios

Da igual que tengamos un armario empotrado o una simple barra, lo que le va a dar armonía visual al conjunto y mayor agilidad de uso es el tener todas las perchas iguales. También es clave cumplir con la regla del 90% de ocupación: que los estantes, cajones o barras luzcan llenos pero nunca abarrotados.

Creating a good wardrobe

It is pointless having pretty clothes if combining them is unconvincing. You should attempt to build up clothing combinations ensuring that you will always have something appropriate to wear. When creating a wardrobe, it is important to identify your style, what suits you and what you are comfortable with. The ideal is to have at least five sets of clothing for each season.

Crear un buen fondo de armario

De nada sirve tener prendas bonitas si no te convencen a la hora de combinarlas. Procura idear conjuntos que te garanticen tener siempre algo satisfactorio para ponerte. Para crearte un armario, es importante identificar tu estilo, lo que te sienta bien y lo que te es cómodo. Lo ideal es tener como mínimo unos cinco conjuntos para cada estación.

How to fold jumpers

Jumpers can be stored horizontally on shelves, you should be careful not to stack too many at the same time, since they will quickly become disorganised. If you have drawers, a practical way is to place them vertically. Using this approach, you will be able to select the jumper you need without wrinkling those remaining in the drawer.

Cómo doblar los jerséis

Los jerséis pueden ser guardados de forma horizontal en estantes, tratando de no apilar demasiados a la vez, ya que rápidamente se desordenarán. Si cuentas con cajones, una forma práctica es la de colocarlos de forma vertical. Con este método, al sacar el jersey que necesitas no arrugarás los que quedan en el cajón.

Shirts one by one

Shirts can be traditionally hung or placed folded in drawers, as you can see in the image.

Las camisas de una en una

Las camisas pueden ser colgadas tradicionalmente, o bien dobladas en cajones como vemos en la imagen.

Socks should all be the same

Socks have the irritating habit of losing their match. This is how you end up with drawers full of unmatched socks. To avoid this, I recommend buying several pairs of the same sock. When it comes to putting them away they can be folded in threes or rolled up and stored vertically in a drawer, or in a box, as shown in the image.

Todos los calcetines iguales

Los calcetines tienen la irritante costumbre de perder a su compañero. Es así como se termina con cajones repletos de calcetines sin su par. Para evitar esto, se recomienda comprar varios pares de calcetines iguales.

A la hora de guardarlos, pueden ser doblados en forma de rollito y guardar de forma vertical como muestra la imagen.

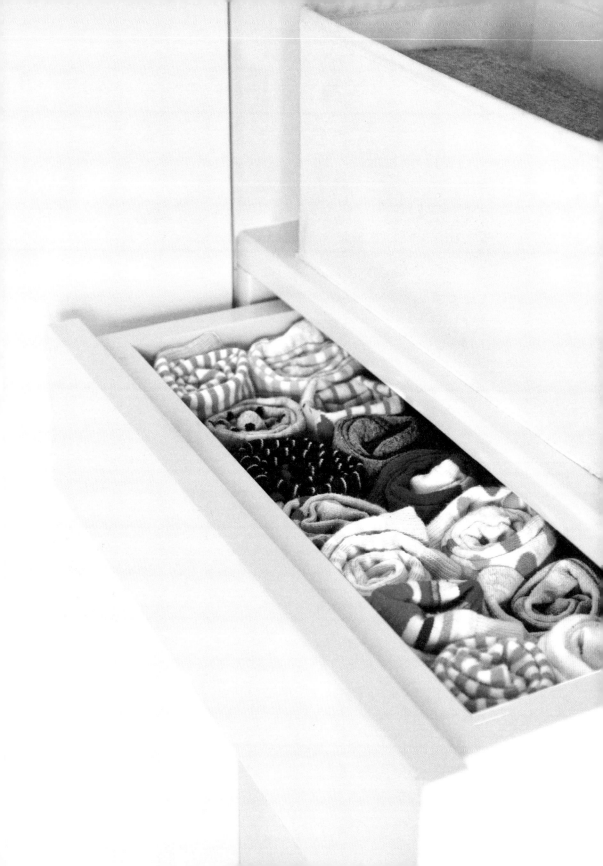

The secret of underwear

Do not miss the opportunity to make using such an intimate drawer a special moment. You can line it with soft and silky material and add a perfumed sachet like lavender. Make it as beautiful as a box of chocolates.

El secreto de la ropa íntima

No desaproveches la oportunidad de hacer de este cajón tan íntimo un momento especial. Puedes forrarlo de materiales suaves y sedosos y agregarle alguna bolsita aromática como la lavanda. Que sea bello como una caja de bombones.

Shoes are best outside

When you get home ideally you should take off your shoes so as not to track dirt from the street inside the home. Assigning a place for shoes near the entrance is convenient, it can be a piece of furniture or low shelves. It is also advisable to have a bench or seat where you can put on and take off shoes comfortably.

los zapatos mejor afuera

Lo ideal cuando se llega a casa es sacarse los zapatos para no traer la suciedad de la calle al hogar. Asignar un lugar para los zapatos cerca de la entrada es conveniente, puede ser un mueble o unos estantes bajos. Es también recomendable tener un banco o asiento para poder ponerse y sacarse los zapatos con comodidad.

Bags in sight

A way to tidy up bags is putting them in each other. This is especially useful if we lack space. Another way is hanging them all in sight, behind the door or taking up a wall. You can play with bags and hang them creatively.

Bolsos a la vista

Una manera práctica de guardar los bolsos es poniéndolos unos dentro de otros. Esto es especialmente útil si carecemos de espacio. Otra manera es colgándolos todos a la vista, detrás de la puerta u ocupando una pared. Se puede jugar con los bolsos y colgarlos de manera creativa.

Scarves as ornaments

There are special hangers to hang scarves and belts. They can be hung inside the wardrobe with clothing or on the wall like an ornament. Some scarves or shawls are especially attractive, and it is worth displaying them. Another advantage of having them on view is that you will remember what you have, and you will be able to use them more frequently.

Los fulares como adorno

Existen perchas especiales para colgar pañuelos y cinturones. Estos se pueden colgar dentro del armario junto con la ropa, o bien en la pared como elemento decorativo. Algunos fulares son especialmente atractivos y vale la pena exhibirlos. Otra ventaja de tenerlos a la vista es que recordarás lo que tienes y podrás darle más uso.

Sporting goods stored vertically

Balls, rackets, and skates are difficultly shaped objects which tend to fall over or create disorder in cupboards.
A good choice for storing them is to hang them up.
There are all kinds of fittings and hooks for hanging any object.

Artículos deportivos en vertical

Las pelotas, raquetas y skates son objetos con formas difíciles y tienden a caerse o a crear desorden en los armarios.
Una buena opción para guardarlos es colgarlos.
Hay todo tipo de herrajes y ganchos para colgar cualquier objeto.

Items in passing

If you change your bag regularly, get hold of a basket or box where you can place the objects you always carry with you when you get home, such as your purse, makeup, a pen, etc.
Do the same with those objects that circulate around your home: assign a place where you can put them temporarily, so they can be found in their respective locations.

Cosas de paso

Si cambias de bolso a menudo, hazte con alguna cesta o caja donde poner los objetos que llevas al llegar a casa, como el billetero, el maquillaje, un bolígrafo, etc.
Lo mismo pasa con los objetos que van dando vueltas por la casa: asigna una caja donde ponerlos temporalmente hasta ubicarlos en sus respectivos lugares.

What do your pictures say about you?

Images displayed at home as well as being decorative condition our subconscious. It is important that the pictures or prints you choose represent you. Also think about where in your home you hang your pictures, e.g., the bedroom should have the most relaxing images, whereas those in the kitchen or bathroom can be more vibrant and fun.

¿Qué dicen tus cuadros de ti?

Además de decorar, las imágenes exhibidas en las casas condicionan nuestro subconsciente. Es importante que los cuadros o láminas que eliges te representen. Piensa también en qué lugares de la casa cuelgas los cuadros, por ejemplo el dormitorio debería tener imágenes más relajantes, y la cocina o el baño unas más vibrantes y divertidas.

Between the sheets

We spend a third of our lives between sheets, so making a quality investment is worthwhile. Flee from sheets made using synthetic materials. Use pure cotton or silk. Choosing the right sheets can have an impact on the health of your skin, your hair and help you sleep better. Be rigorous with your possessions, always opt for quality over quantity.

Entre las sábanas

Un tercio de nuestro día lo pasamos entre las sábanas, por lo que vale la pena invertir en unas de calidad. Huye de las sábanas de fibras sintéticas. Usa algodón o seda. Elegir la sábana correcta puede repercutir en la salud de tu piel, de tu pelo y en un mejor sueño. Sé exigente con tus posesiones, opta por la calidad por encima de la cantidad.

What photographs should I choose to keep in hardcopy?

All your pictures which previously filled any number of albums and boxes can now be stored on a pen drive or in the cloud. There will be, however, photographs that you will want to continue to enjoy in the material world. These can be displayed in different ways: covering an entire wall, in groups of frames placed on bookshelves or like paintings hung on walls.

¿Qué fotografías debo elegir para imprimir en papel?

En un pendrive o en la nube se pueden almacenar todas las fotografías que antes llenaban cantidad de álbumes y cajas. Habrá sin embargo fotos que uno quiere seguir disfrutando en el mundo material. Estas se pueden exhibir de distintas maneras: cubriendo toda una pared, en grupos de marcos apoyados en bibliotecas o colgadas cual cuadros en las paredes.

Receive postcards every day

It is very common to have postcards and paper souvenirs which you find difficult to throw away but end up stuck in a box at the bottom of a cupboard. Take out those you treasure most and enjoy them. An interesting place to display them if you don't want people in general to see them, is in the inside of cupboard doors, and you can change them if you get tired of them.

Recibe postales cada día

Es muy común tener postales y recuerdos en papel que da pena tirar pero que terminan metidos en una caja al fondo del armario. Saca las más preciadas a la luz y disfrútalas. Un lugar interesante donde exhibirlas si no las quieres hacer públicas es el interior de las puertas de los armarios, donde las puedes ir cambiando si te cansas.

All documents in one place

The key to always being able to find paperwork and documents is to keep them together in one place. Allocate a space with one or two drawers where you can save them all. Carry out a general, not very exhaustive, classification, because sometimes classifying too rigorously is counterproductive: we can't remember under what item we classified certain papers and therefore we lose sight of them.

Los documentos en un solo lugar

La clave para encontrar siempre los papeles administrativos y los documentos es mantenerlos juntos en un solo lugar. Asigna un espacio con una o dos cajoneras donde guardarlos todos.
Haz una clasificación general, no muy exhaustiva, ya que clasificar demasiado a veces es contraproducente: no recordamos bajo qué criterio clasificamos cierto papel y lo perdemos de vista.

Invoices within sight

Usable paperwork, which can't be thrown away or filed, needs to be placed where it is visible, so we don't forget it. Invoices pending payment could be placed on the front door, in our desk, or on a wall organiser. The important thing is to deal quickly with whatever this paperwork requires of us and then discard it or throw it away.

Facturas a la vista

Para aquellos papeles que están en uso, que no podemos ni tirar ni archivar, necesitamos un lugar que esté a la vista para no olvidarnos de ellos. Las cuentas a pagar podemos tenerlas cerca de la puerta, en el escritorio, o en algún organizador de pared. Lo importante es sacarnos de encima rápido lo que sea que nos demandan estos papeles y luego descartarlos o archivarlos.

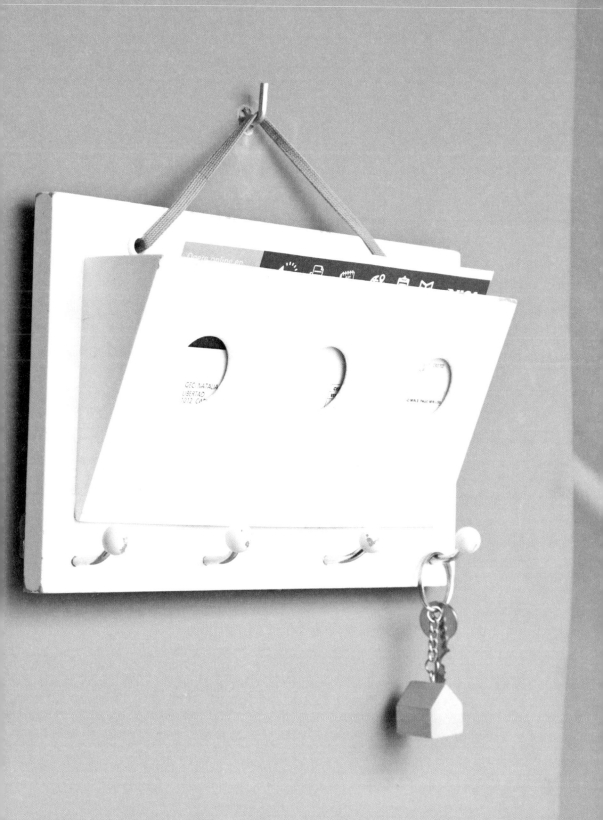

Each book where it is read

Books to be used in a specific place should be in that place. Cookbooks in the kitchen, reference books on the desk, children's books in the nursery, and those we enjoy browsing in the bathroom should also have their place there.

Cada libro donde se lee

Los libros que se leen en un lugar específico conviene tenerlos allí donde realmente se utilizan. Libros de recetas en la cocina, libros de referencia en el escritorio, los infantiles en el cuarto de los niños, y aquellos que nos gusta hojear en el baño también deberían tener su lugar allí.

Classification criteria

Once you have chosen the books you want to keep and those you want to throw away, you should think about how they could be organised in your library. There are many criteria for ordering books: by subject, by alphabetical order, by author and, for those prioritising aesthetics, by colour. The method chosen will depend upon your tastes and requirements.

Criterio de clasificación

Una vez que hayas hecho la selección de los libros que quieres guardar y los que desechas, debes pensar en cómo ubicarlos en la biblioteca. Hay muchos criterios para ordenar libros: por tema, por orden alfabético, por autor y, para los que priorizan la estética, por color. El método elegido dependerá de tus gustos y necesidades.

Magazines with expiration dates

You can place magazines on a central coffee table for occasional reading or, if you have a large collection, you can use bookshelves to host them. Review which collections are still used for reference and which are already obsolete. Get rid of the latter if they only take up space and accumulate dust.

Revistas con fecha de vencimiento

Las revistas las puedes tener en una mesa de centro como lectura ocasional o, si posees grandes colecciones, puedes dedicarle una biblioteca para alojarlas. Revisa qué colecciones siguen siendo una referencia y cuáles quedan ya obsoletas. Deshazte de las últimas si solo ocupan espacio y acumulan polvo.

A flawless countertop

The criterion when it comes to tidying up the kitchen should be ease of cleaning. Ensure that countertops are as clear as possible. If you don't have enough storage space, you can hang objects on walls by using a simple rail. If you have cupboards, also used their doors to secure objects like pan lids.

Una encimera impecable

El criterio a la hora de ordenar la cocina debería ser el de fácil limpieza. Procura que la encimera quede lo más despejada posible. Si no cuentas con suficiente espacio de almacenaje puedes colgar los objetos en la pared mediante un simple riel. Si tienes armarios, usa también sus puertas para guardar objetos como las tapas de cacerolas.

Exaggerate intention

If your kitchen is one that has open shelving and objects in view, a way to make it seem more orderly and visually more harmonious is to group items by colour or material. If you want to deliver a pop of colour in any area, you can reinforce this intention by using colourful prints like in the picture on the left.

Exagera la intención

Si tu cocina es de las que tiene estanterías abiertas y los objetos a la vista, una manera de hacerla parecer mas ordenada y visualmente mas armónica es agrupar por color o por material. Si buscas dar un toque de color en algún sector, puedes reforzar esta intención acompañando los objetos por láminas también coloridas como en la imagen izquierda.

Group cookware by material

Cutlery and kitchen utensils can be stored horizontally in draws or vertically in vases. Additionally, we can also hang utensils from railings nailed to the wall or furniture. If these items are within view we should group them by material, those made of wood on the one hand and those made of metal on the other.

Agrupa los utensilios por materiales

Los cubiertos y utensilios de cocina pueden guardarse horizontalmente en cajones o en jarrones de manera vertical. También pueden ser colgados en rieles clavados a la pared o en algún mueble. Si tenemos estos elementos a la vista, procuraremos agruparlos por material, los de madera en un lado y los de metal en el otro.

Where do you place what you eat?

We must care for the containers in which we place food. The materials that we use affect the conservation of the same. Fruit will keep better if we store it in a container with holes in it like the one in the photograph, since the fruit placed below can breathe and this will prevent it from rotting.

¿Dónde pones lo que comes?

Hay que cuidar los recipientes en los que colocamos los alimentos. Los materiales que usemos influirán en la conservación de los mismos.
La fruta se conservará mejor si la almacenamos en un recipiente con agujeros, para que las que quedan debajo puedan respirar y evitar que se pudran.

Baskets, wooden boxes, tuppers

- Cestas, cajas de madera, tuppers -

A well-set table

Food tastes better on a well-laid table. Attractive objects, containers enhancing the food they contain, tablecloths or beautiful individual settings, the occasional flower, a salt cellar that is a pleasure to handle, all this ensures that eating is not merely the act of conveying food to your mouth. Even setting the table will become a pleasurable experience.

Una mesa bien servida

La comida sabe mejor si se acompaña con una mesa bien puesta. Objetos atractivos, recipientes que realzan la comida que contienen, manteles bonitos, alguna flor, un salero que nos dé gusto usar, todo eso hace que la experiencia de comer no solo sea llevarse comida a la boca; incluso servir la mesa puede ser una experiencia placentera.

Workspaces

There are different types of desk and we can adopt different strategies for them. If you work at home or if you just use your desk only occasionally your needs will be different. If you don't have a special room to work in, but you use your desk for other activities, you should find ways in which you can mentally and physically separate spaces. Here we will learn how to tidy up and prepare the workspace to make working and creating as pleasant as possible.

Espacio de Trabajo

Hay distintos tipos de escritorios y podemos adoptar diferentes estrategias para ellos. Si trabajas en casa, o si solo usas el escritorio ocasionalmente, las necesidades van a ser distintas. Si no cuentas con una habitación especial para trabajar, sino que compartes el escritorio con otras actividades, se deben buscar recursos para poder separar física y mentalmente el espacio.

Aquí veremos cómo ordenar y acondicionar el espacio de trabajo para que sea lo más agradable posible trabajar y crear.

What can't be missing

A workspace must have a table or desk, a comfortable chair, shelves or containers with everything you need for the job, a source of natural light (not direct sunlight) and an adjustable light for night time. Try to avoid having blunt pencils or pens without cartridges. Keep utensils to hand and in good condition.

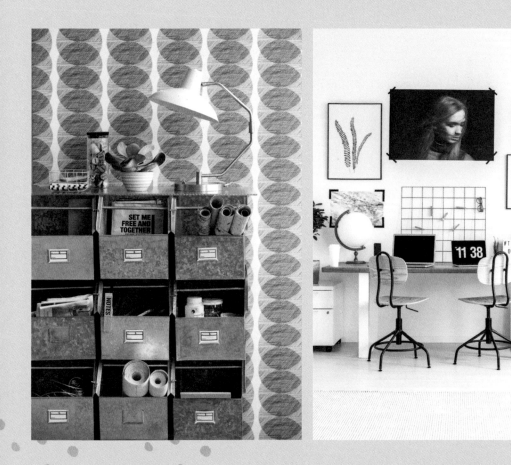

lo que no puede faltar

Un espacio de trabajo debe tener una mesa o escritorio, una silla confortable, estantes o contenedores con todo lo necesario para el trabajo, una fuente de luz natural (no sol directo) y luz focalizada para la noche. Procura evitar tener lápices sin punta o plumas sin cartucho. Ten los útiles a mano y en condiciones.

Think what you have and what you need
- Piensa qué tienes y qué necesitas -

Folders with love

These typical office items ruin the aesthetics of any desk. The way to prevent this is lining the folders with fabric or paper that will combine well with the remaining decor. In the photo on the right the folders have been lined with raffia, a rustic material that coexists well with the recycled wood in this space.

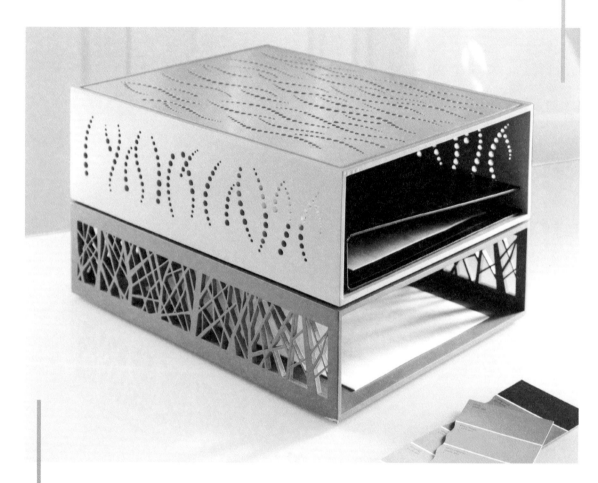

Carpetas con amor

Estos elementos tan de oficina arruinan la estética de cualquier escritorio. La manera de evitar esto es forrar las carpetas con alguna tela o papel que vaya a tono con el resto de la decoración. En la foto de la derecha se han forrado con rafia, material rústico que convive bien con la madera reciclada de este espacio.

Organization in view

It is very useful to have a vertical surface facing the desk where you can hang reminders, calendars, lists or inspirational photographs. You can use a corkboard for attaching papers, or the wall itself. If we do not have a large surface area, a few square centimetres are enough to place the most important items.

La organización a la vista

Es muy útil contar con una superficie vertical frente al escritorio donde colgar recordatorios, calendarios, listas o fotos de inspiración. Se puede utilizar un corcho donde clavar los papeles, o la pared misma. Si no contamos con una gran superficie, unos pocos centímetros cuadrados bastan para poner lo importante.

Desks can be placed anywhere

Depending on the work, a desk can be anywhere. The advantage of working at home is that you can go changing where you work according to your mood. You can work from an armchair or sitting on the floor with a few pillows. If you identify the places that appeal to you and lend themselves to working, make the necessary arrangements to make these spaces comfortable and practical.

El escritorio en cualquier lugar

Dependiendo del trabajo, un escritorio puede estar en cualquier lado. La ventaja de trabajar en casa es que se puede ir cambiando de lugar según el estado de ánimo. Se puede trabajar desde un sillón o incluso en el suelo con unos almohadones. Si identificas los lugares que te agradan y que se prestan al trabajo, haz los arreglos necesarios para que sean espacios prácticos y confortables.

Children's Spaces

Children require a space where they can develop their creativity, and playful and restful moments. Here we will see examples of nurseries where these activities coexist smoothly and creatively and where intelligent object storage has a starring role.

Espacios Infantiles

Los niños requieren de un espacio donde puedan desarrollar su creatividad, sus momentos de juego y su descanso. Veremos aquí ejemplos de habitaciones infantiles donde estas actividades conviven de manera fluida y creativa, y donde el almacenaje inteligente de los objetos juega un rol protagonista.

At Hand

Children's bedrooms must be accessible. It is important to create an environment that they can explore without risks or limitations. The furniture must accommodate free play and everything they need should be within their reach. Bookshelves at eye height, made-to-measure chairs and low toy boxes are the key to not placing obstacles in the way of their curiosity.

Al alcance de la Mano

El dormitorio de los niños debe ser accesible. Es importante crearles un ambiente que puedan explorar sin riesgos ni limitaciones. El mobiliario debe acompañar su juego libre y todo lo que necesitan debería estar a su alcance. Bibliotecas a la altura de sus ojos, sillas a su medida y jugueteros bajos son la clave para no ponerle obstáculos a su curiosidad.

What can I get rid of?

- ¿De qué puedo prescindir? -

Remember... The key is not to block their curiosity.
Recuerda... La clave es no poner obstáculos a su curiosidad.

A place for everything

To get children to tidy their room we should make that task easy for them. Giving them a point of reference, objects which can be easily found and put away. Coloured stripes in a hallway creating a corner for each child or specific hanging containers for each type of toy are strategies that also help provide stability and security.

Un lugar para cada cosa

Para lograr que los niños ordenen su cuarto deberíamos facilitarles el trabajo. Dándoles un espacio de referencia, los objetos se podrán encontrar y guardar fácilmente. Franjas de colores en un hall que crean un rincón para cada niño, o contenedores específicos que se cuelgan para cada tipo de juguete son estrategias que ayudan también a brindarles estabilidad y seguridad.

Swap and discard toys

Children accrue. Check their toys regularly and remove from circulation those that they no longer play with because of their age or because they are broken. Also conceal momentarily those they ignore. When you make them reappear again some time later, you will see how surprised they are as if the toy were new.

Rotar y desechar juguetes

Los niños acumulan. Periódicamente conviene revisar todo lo que tienen y deshacerse de aquellos juguetes que ya no usan, ya sea por su edad o porque están rotos. También haz desaparecer momentáneamente aquellos a los que no les prestan atención. Cuando los vuelvas a hacer aparecer un tiempo después, verás cómo se sorprenden como si fuesen nuevos.

Storage as the star

Storage spaces can help you give the room structure and personality. You can use underutilized spaces: a thin column as a bookshelf or the space under the window as a long toy box and supporting surface. With children's colourful toys you can create color palettes according to how you want to decorate the room.

El almacenaje como protagonista

Los espacios de almacenaje te pueden ayudar a dar estructura y personalidad a la habitación. Se pueden utilizar espacios desaprovechados: una delgada columna como biblioteca, o el hueco bajo la ventana como un largo juguetero y superficie de apoyo. Con sus coloridos juguetes puedes crear paletas de color acorde a la decoración que quieras brindarle al cuarto.

The power of disorder

In devising a room for the kids, you should also take into account that there should be free space. Hammocks, tents, and many empty spaces which they can complete with their own creativity. Children's rooms must be made for mess, the tidiness guidelines you supply them with should only help and not limit them.

El poder del desorden

Al crear la habitación de los niños también se debe tener en cuenta su espacio para ser libres. Hamacas, carpas y muchos espacios vacíos para que ellos lo completen con su propia creatividad. Los cuartos de los niños deben estar hechos para desordenarse; las pautas de orden que les brindes solo deben ayudarles y no limitarles.

Use height, go up a level

When choosing furniture, you should take into account how to optimise the available space. The bed does not have to go on the floor, it can go above to create a playhouse and a play corner for younger children. By adding more height, you can create a new environment with your desk, armchair and even their own living room so they can watch TV and play with their friends.

Usa la altura, sube un nivel

Cuando elijas el mobiliario has de tener en cuenta cómo optimizar el espacio. La cama no tiene por qué ir a ras del suelo, puede ir más arriba para crear una casita y rincón de juego para los más pequeños. Sumándole más altura puedes crear un nuevo ambiente con su escritorio, sillón y hasta su propia sala de estar para ver la televisión y juntarse con sus amigos.

Reorganize the space

- Reorganizar el espacio -

Recycle their imagination

Open your eyes and find new uses for the objects around you. Metal baskets hanging from the wall, reusing tin cans or vegetable crates as shelving are simple and economic ideas that will help organise the nursery. Interacting with these objects will show them the value of recycling and the power of the imagination.

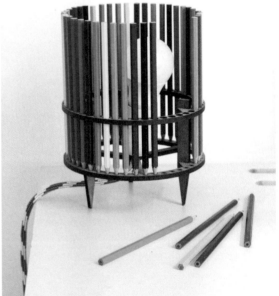

Recicla su imaginación

Abre los ojos y encuéntrale nuevos usos a los objetos que tienes a tu alrededor. Cestas metálicas colgadas de la pared, latas de alimentos reutilizadas, o cajones de verdura como estantes son ideas simples y económicas que ayudarán al orden en el cuarto de los niños. Interactuar con estos objetos les mostrará el valor del reciclaje y el poder de la imaginación.

Value their creations

Displaying children's art is a way of making them feel valued. One option is to frame their creations and put them all together as in the room on the left. For a more flexible solution, the image on the right shows clipboards with clips where the drawings can be swapped around as required by children's prolific creativity.

Dale valor a sus creaciones

Exhibir el arte de los niños es una manera de sentirse valorados. Una opción es enmarcar sus creaciones y ponerlas todas juntas como en el cuarto de la izquierda. Para una solución más flexible, la imagen de la derecha muestra portapapeles con clips donde se pueden cambiar los dibujos a medida que la prolífica creación de los niños lo requiera.

Reading corner

No child's bedroom can be without a good reading space. Any books must be at their fingertips and easy to visualise. A magazine rack format, with the book covers facing forward helps them to make a simple choice and the bookshelf's acrylic finish also assists this. The choice available can be altered according to tastes and current themes.

Rincón de lectura

En ningún dormitorio infantil puede faltar un buen espacio de lectura. Los libros deben estar al alcance y fáciles de visualizar. El formato de revistero, con las tapas bien visibles les ayuda a elegir fácilmente, y el acrílico de la biblioteca facilita la tarea. La selección se puede ir cambiando según los gustos y temáticas del momento.

The children's office

Gathering your children's study and art materials in one place is a way to help them when it comes to sitting down and doing homework. Creating a quiet, delimited corner also helps. The raised platform in the image on the left has created a perfectly isolated area, even allowing for additional underfloor storage space.

Mini espacio de creación

Concentrar los materiales de estudio y de arte de los niños en un solo lugar es una manera de facilitarles la tarea a la hora de sentarse a trabajar. Crear un rincón tranquilo y delimitado también ayuda. La plataforma elevada que muestra la imagen de la izquierda logra un perfecto espacio aislado y puede permitir espacio extra de almacenaje bajo el suelo.

Another turn of the screw

Nurseries should be spaces which leave convention behind. Feel encouraged to place a coat rack in plain sight for clothes or create a dressing up area. Containers can be decorated with animal faces; disorganised colour arrangements can be used for visible shelving.

Otra vuelta de tuerca

Las guarderías son un espacio para salir de lo convencional. Anímate a poner un perchero a la vista para la ropa o a crear un área de disfraces. Los cubos pueden tener caras de animales, y los colores desordenados cobran protagonismo en estantes a la vista.

Nomadic Tidying

In this "post ownership" era, where what matters are not possessions but experience, the home experience is still important. A home for some people can be a few objects accompanying them when moving and travelling making them feel at ease.
Here we can find furniture to help organise an ever-changing household and which is easy to transport when it comes to embarking on another journey.
Those who are not frequent travelers but who aspire to an uncluttered and pleasant home, are offered some ideas so that they can relax without being ambushed by disorder.

Orden Nómada

En esta era del «post ownership», donde lo que importa no son las posesiones sino las vivencias, la experiencia del hogar sigue siendo importante. Para algunas personas, el hogar puede ser unos pocos objetos que acompañan en sus mudanzas y viajes, y les hacen sentir como en casa.
Se muestran aquí muebles que ayudan a mantener el orden en un hogar que siempre cambia, y que a la hora de emprender el viaje nuevamente son sencillos de transportar.
Para los que no son asiduos viajeros pero quieren un hogar libre y despejado, se dan ideas para que puedan explayarse a gusto sin que el desorden les sorprenda.

The home, rather than a specific place, can be defined as a carapace of beloved objects that you carry with yourself. These objects must be lightweight, dismountable, personal and flexible in their usage, besides having an aesthetic and emotional value making them deserving of being transferred.

El hogar, más que un lugar específico, se podría definir como un caparazón de objetos queridos que uno lleva consigo. Estos objetos deben ser ligeros, desmontables, personalizados y flexibles en su función, además de poseer un valor estético y emocional que les haga merecedores de estos traslados.

A fold-out corner

This desk and library corner can be folded and moved in a bag. When you are staying somewhere only temporarily you usually cannot drill holes in the walls, and therefore hang pictures, mirrors, lamps, etc. In these circumstances you can take advantage of the height of these folding screens and hang there anything you want. Supplies, ornaments, and paperwork can be placed on its shelves and within its containers.

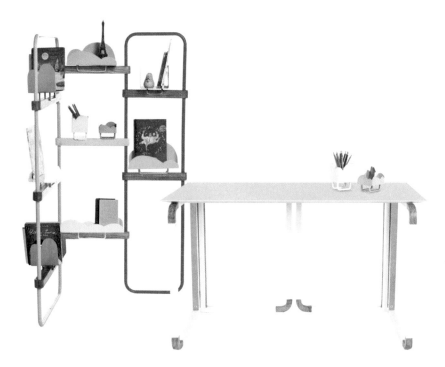

Un rincón plegable

Este rincón de escritorio y biblioteca plegable puede ser transportado en un bolso. En espacios ocupados de manera efímera generalmente no se pueden agujerear las paredes, no pudiendo así colgar cuadros, lámparas, espejos, etc. Se puede entonces aprovechar la altura de estos biombos plegables y colgar de allí lo que se desee. En sus estantes y contenedores se pueden guardar útiles, adornos y papeles.

Directory

Photography | Fotografía

Design | Diseño

© Chango & Co (p. 113, p. 114, p. 122-123)
© Estibaliz Martin Interiorismo (p. 120, p. 132)
© Flexa (p. 121, p. 124)
© Krethaus (p. 128)
© Lila Casa Deco (p.116)
© Lisa Hershman, Abaca Interiors (p. 117, p. 119)
© Marina Labayen (p. 126, p. 129)
© Natalia Geci (p. 10, p. 28, p. 32-33, p. 38, p. 43, p. 44, p. 50,
p. 64, p. 69, p. 70-71, p. 72-73, p. 74, p. 83, p. 86, p. 94, p. 96,
p. 102, p. 106, p. 108, p. 112, p. 131, p. 133, p. 136, p. 138-139)
© Renata Cymlich, Estudio Nomade (p. 7, p. 11, p. 21, p. 27, p. 31)
© Tori, pequenos disenos de Santorini (p. 118, p. 130, p. 134-135)

Thanks | Agradecimientos

p. 112 Marina Labayen, journalist and children's design
specialist of Chic Kids Blog, was invited to participate in
this project to help to us understand children's spaces from
the specific needs of the youngest.

p. 112 Se convocó para este capítulo a Marina Labayen,
periodista y especialista en diseño infantil del Blog Chic
Kids, para ayudarnos a entender los espacios infantiles
desde las necesidades concretas de los más pequeños.